VENTE

Du Vendredi 2 Février 1883

HOTEL DROUOT, SALLE N° 4

A 2 HEURES.

SCULPTURES EN MARBRE

TABLEAUX

PAR LES ARTISTES ITALIENS

MEUBLES ANCIENS ET MODERNES

<table>
<tr><td>

M° Paul CHEVALLIER
COMMISSAIRE-PRISEUR
Succ^r de **M° Ch. PILLET**
10, rue de la Grange-Batelière.

</td><td>

M. CH. GEORGE
EXPERT
12, rue Laffitte.
Paris.

</td></tr>
</table>

EXPOSITION PUBLIQUE

Le Jeudi 1er Février, de 1 heure à 5 heures.

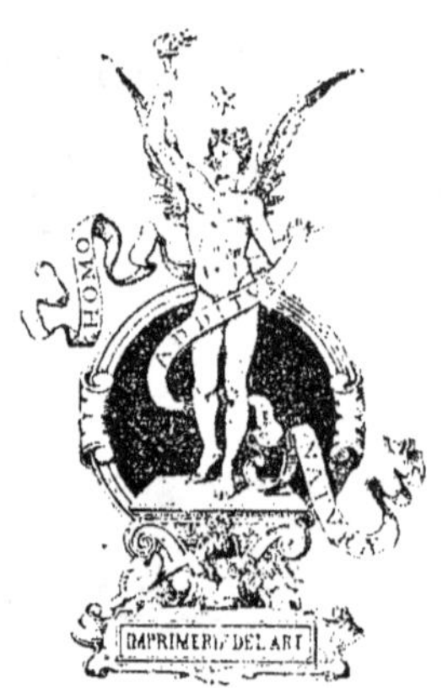
HOMO
IMPRIMERIE DE L'ART

CATALOGUE

DE

SCULPTURES EN MARBRE

PAR

ARGENTI — BORGHI — BRAGA — ROMANO

TABLEAUX

Par Bignoli — Bouvier — Burlando — Carcano — Gandi
Giroux — Haimann
Malatesta — Mazza — Peralba — Trenti

MEUBLES ANCIENS ET MODERNES

DONT LA VENTE AURA LIEU

HOTEL DROUOT, SALLE N° 4

Le Vendredi 2 Février 1883, à 2 heures

Me PAUL CHEVALLIER	M. CHARLES GEORGE
COMMISSAIRE-PRISEUR	EXPERT
Successeur de M^e Ch. Pillet	12, rue Laffitte, 12
10, rue Grange-Batelière, 10	PARIS

EXPOSITION PUBLIQUE : le Jeudi 1er Février 1883
De une heure à cinq heures.

CONDITIONS DE LA VENTE

Elle sera faite au comptant.

Les adjudicataires payeront *cinq pour cent* en sus des enchères.

L'exposition mettant le public à même de se rendre compte de l'état des objets, il ne sera admis aucune réclamation une fois l'adjudication prononcée.

Paris. — Imprimerie de l'Art, J. Rouam, 41, rue de la Victoire.

DÉSIGNATION DES OBJETS

MARBRES

ARGENTI

(LE PROFESSEUR)

1 — *Tamar*.

Buste en marbre.

ARGENTI

2 — *La Modestie*.

Buste en marbre.

ARGENTI

3 — *L'Espérance.*

Buste en marbre.

BORGHI

4 — *La Douleur.*

Buste en marbre.

BRAGA

5 — *Après les ébats.*

Statuette marbre.

ROMANO

(LE PROFESSEUR)

6 — *Désenchantement.*

Statue en marbre.

?

7 — *Enfant endormi.*

Figure couchée.

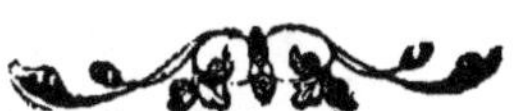

TABLEAUX

AUGUIN

(L. A.)

8 — *Site limousin, bords de la Briance.*

BIGNOLI

(A.)

9 — *Costume lombard.*

BOUVIER

10 — *La Fiancée.*

BURLANDO

11 - - *La Tour Borromée.*

CARCANO

12 - - *Costume du XVIe siècle.*

GANDI

13 - - *Au Sermon.*

GANDI

14 - - *Paysage de la Lombardie.*

GIROUX

15 — *La Tasse de thé.*

HACKERT

(Genre de)

16 — *Deux Paysages.*

HAIMANN

17 — *Scène orientale.*

MALATESTA

18 — *Fruits.*

MAZZA

(S.)

19 — *La Halte.*

PERALBA

20 — *La Villa Borghèse, à Rome.*

TRENTI

21 — *Vue de Parc, paysage.*

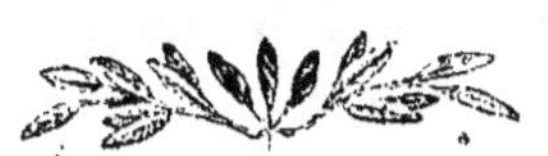

OBJETS DIVERS

22 — Crédence en noyer sculpté du xviᵉ siècle, à
fronton et balustres, offrant des portiques,
des figures et des ornements en bas-relief.

23 — Coffre en noyer sculpté, du temps de Louis XIV,
à montants ornés de cariatides, et panneau
décoré de deux figures d'amours tenant un
écusson armorié et se terminant en rinceaux.

24 — Meuble à pupitre en noyer sculpté, ouvrant à
une porte, avec colonnettes torses aux angles,
et surmonté d'un fronton décoré de rinceaux.

25 — Grand meuble à deux corps, en chêne sculpté,
du temps de Louis XIII, décoré de groupes
de cavaliers sculptés en bas-relief, de rinceaux et de guirlandes de fruits.

26 — Prie-Dieu du temps de Louis XIII, en noyer
sculpté.

27 — Meuble en chêne sculpté, à deux corps, for-
mant étagère surmontée d'un dais.

28 — Grand meuble Louis XIII, de forme monu-
mentale, en marqueterie, à colonnes torses,
têtes d'anges à ornements sculptés.

29 — Grand meuble à deux corps, à portes pleines,
en chêne sculpté.

30 — Bel ameublement de chambre à coucher, en
bois noir sculpté, orné de filets de cuivre.

Il est composé d'un grand lit avec la literie,
une armoire à glace, une table de nuit.

31 — Ameublement de salon, en bois sculpté, peint
à fond vert d'eau, décoré de fleurs et rehaussé
de dorures.

Un bonheur du jour, une commode, trois
fauteuils, six chaises, couverts en étoffe de
soie brochée.

32 — Trois grandes panoplies d'objets de la Séné-
gambie, armes, instruments.

33 — Deux tapisseries de Flandre, représentant un
sujet tiré de l'histoire d'Alexandre le Grand.

Petit tapis au petit point, représentant un
paysage.